그대는 한 사람의 인류

함태숙 시집

시인동네 시인선 101

함태숙 시집

그대는 한 사람의 인류

시인동네

시인의 말

꿈에서 꽃점을 쳤다
그녀는 나의 불운을 예고했다
나는 웃으며 지나왔다

가슴을 다리미로 누른 듯이
육중한 바닥을

미농지처럼 말려 바스러지는 꽃잎들

어쩌면 나는 구원될지 모른다
그 안에 무수한 타자를 내포하고 있는 영혼을

그대가 페이지를 펼쳐놓을 때

2019년 1월
함태숙

차례

제2부

제3부

제4부

제1부

꽃의 통점

발가락을 찍혀 발톱이 빠지겠지
얼마나 아팠던가

몸을 공처럼 말아 떼구르르 구르다
멎은 자리
울음은 숨어 있다
누가 건들면 왈칵 펼쳐 든다
검은 자학 같은 멍
처음 그 순간을 가둘 수 있는 곳은
육체밖에 없어서
자벌레처럼 말아
통증을 삭힌다

건들면 악! 하고
너가 꽃피는 자리

견딜 만하니 견딘다
상처는 나중의 일이라

글자의 피부

움직이지 마, 가시뼈를 뽑아
글을 적고 있잖아
아프진 않아, 너의 등은 물결이 되었잖아
이제 돌아누워 봐, 노년기 지형처럼
순하게 앉은 가슴과 쓸쓸한 둔덕
한 광주리의 출렁이는 햇살이 그득한 배와
내게 쥐어준 깃털 펜대
네게 파고들잖아
놀라면 안 돼
내가 만들어준 육체를 버리면 안 돼
목에 깁스를 한 듯 꼼짝 말고
눈만 깜빡여야 해, 이제 밤이 올 거니까
너는 별들이 떠오르는 캔트지

아파서 응석 따윈 받아주지 않겠다고
내게 협박해 보렴
내게 경고해 보렴

다만, 흔들리지 말고, 다만 움직이지 말고

글자들이 떨어지잖아

자꾸 내가 사라지잖아

민들레에게

저 사람은
왜 꽃을 보면서 꽃의 이후를 생각할까요

꽃은 관념이거나 체념이죠
자신으로부터 완전히 독자적인
어떤 미지를
우린 꽃이라 하고 싶어요

땅속에 삼발이를 박고
알코올램프의 노란 심지를 올려요

타오르는 불꽃이
체험할 수 있는 유일한 신체입니다

저 사람은 그걸 기다렸어요
알코올이 다 증발할 때까지를

그때부터 보이는 마음이 진짜죠

흩어지거나 또 다른 영토를 가져요

저 사람은 램프를 들고 있는 사람
저는 노랗게 그득 차오르고요

나전칠기

그의 살은 그의 껍질을 닮았다
감춘 게 없는데 숨어 있었다
살과 껍질의 경계에 마음이 있달까
광택에 상처가 곪으면 생긴다는
진주를 물고 그의 혀는 완강하고

그러나 때론 전할 말이 있어
천천히 몸을 열기도 했다
그게 당장의 죽음이더라도
심중은 껍질에 싸였기에
한 번 더 둘러싼 몸이었기에

닿는 것은 주는 것, 주는 것은 죽는 것
껍질조차 귀하고, 껍질이 더 귀하고
고백 없는 사랑이 더 웅장하고 영롱해

종국엔, 입은 열고 말은 멈춘다

사랑

운명과 함께 가는 단어가 있다
혀 위에 붉은 무덤

수천 킬로미터 달려와
혀끝을 말아 올린 듯한 파도의, 최후의 동작

언어는 수인처럼
말의 포말이 변형시키는
세계 안에 갇힌다

배반의 연인이여
너의 두 손으로 뽑아낸다 해도

화살이자 과녁인
말은 남는다

사랑은, 사랑을 향해 날아가느니

꽃의 파르테논

꽃잎이 흐른다
흰 꽃잎이

대리석에 누워서
오래전에 부르던 노래를 듣는다

깊은 바다는
등 밑에 바닥을 깔고

뜨거운 혈관은 신들의 음성으로 채워지네

눈동자여, 납작하게 박힌
검은 무늬여

이젠 눈물 흘리지 않아도 좋다
슬픔의 온도가 너를 맞추니

얼어붙은 꽃들이 피어나리

찰칵 찰칵 영원의 조리개를 통과하며

한 소절의 기억이 하나의 신전이 되리

내게 각운을 맞춘 그대여
오래전부터 흐르던 노래는 여기서 굳었다

그러니 마저 달려라, 죽음이여
흰 피톨로 실어 나르는 대리석의 둔부여

생일

오늘의 날씨는 폼페이를 거닐던 날을 상기시키는군요 우리가 만난 날은 고작 며칠뿐이지만 마차를 부렸다면 온 생을 다 싣고 오느라 돌바닥이 꺼졌을 테지요 두 개의 구불거리는 구렁이가 어둠 속에 누워 있어요 그리워 숨어 울던 시간의 열주들과 서성이던 타일들, 그들은 길에서 저의 운명을 눈치채겠죠 저의 로브에선 아직도 건조하고 더운 바람이 불어옵니다 오래 뜨거워진 숨결처럼 입술을 열면 떼 아모— 두 팔을 흔들며 걸으면 소매 끝에 하얀 섬들이 떠올라요 아무도 모르게 눈 속에 푸른 물이 차오르죠 분수에 튀어 오르는 물방울, 나뭇가지를 옮겨 앉는 새들 영원의 벽지가 발라져 있는 방을 나와 저는 신화처럼 걷고 다 꺼져 움푹한 베스비오산을 오늘도 믿어요 다시 한 번 최후를 가져다줄 것을 사랑이 걸어간 발자국을 음표처럼 박아놓은 그 길을

당신은 태어나고 또 태어나고
그러나 저는 매번 돌려보내겠어요
영악한 신들의 손아귀에서
장미가 피어 있는 잿빛 돌 속으로

외츠탈에서의 잠

눈 속에 엎디듯
이 포옹은 풀리지 않아
빙벽처럼 우리는 꽁꽁, 한 몸으로 얼었지
그게 죽음이라면
영원의 체위를 하고 있는 것
캄캄한 질구 속에서 한 번도 빼지 않은
당신의 성기, 도 까맣게 탔다
얼음은 태양의 표피
불에 그슬린 듯
찡그린 표정을 누구도 몰라
위 속에 꽃가루엔
아직도 향기가 난다지
척추가 물고기처럼 휘어 나를 헤엄쳤지
지축이 한 뼘이나 밀려났어
이 자는 대체 여기까지 왜 오른 걸까
개암나무와 낙엽송으로 만든 등잔 받침대
공중의 침상을 오천 년이나 지키고

일본어로 말하는 남자

눈빛이 단단한 사내가
물결을 헤치듯 나아가면

십오 센티미터 나무 신을 깎아
뒤도 안 보고 따라가고 싶다

괴기하게 흰 낯에
까맣게 태운 밀랍을 치아에 바르고
서로만의 전통에 자랑스러워

신발을 꺾으면
목이 부러질지언정 길을 갈아타진 않지

물을 오래 들여다본 버드나무처럼
내겐 결기가 있어
캄캄할 뿐, 빛을 잃지 않는다

그가 나를 베어낸다 해도

>

떨어지는 꽃나무 아래
허리에 지고 온 사각 모포를 펼친 여자

속에서 피었다 속절없는 봄날이여
누가 그대를 초대하는가

히라가나 가타카나 같은 사내여

토마토 영토

자꾸만 날아가는 당신을
지구는 얼마나 애를 쓰고 붙잡고 있는지
당신을 잡으려면 얼마큼 힘이 드나
알고 싶은 거야
꿈은 무게가 없으니까
꽃이 되었다 돌이 되었다
아프게 사라지는 원근 같은 거리
그게 다인 당신을 얼마큼 애를 써야
흐르는 당신을 내게 멈출까
한 겹씩 펴지는 손발과
차가운 정신 같은 바위
내 숨결은 뜨거워
후, 불면 또 기화하는 당신을 붙잡을 수 있을까
물방울처럼 터져 나오는 심장을
어쩌면 출렁이겠지만
붉은 보자기로 잘 싸서
나는 뜨거움을 삼킨 토마토
터뜨리지 않고 부둥켜안고

물의 침대로 간다

지구가 우리를

한 알의 영토로 인정할 때까지

물병자리 여인숙

서너 계단쯤은 올라가야 그곳에 갈 수 있었지 어두컴컴한 회랑의 제일 앞 열에는 때 묻은 소리로 혼자 왔어예? 삼만오천 원어치의 홍정을 끝내고 시간은 뒤를 봐줬어 옷을 다 벗기고 이곳의 음습하고 곰팡내 핀 공기 분말처럼 뿌려댔지 등 뒤로는 신림의 비가 추적이고 신들은 사실 우리를 추적할 수 없었어 쭉 따라 올라가 열려진 문으로 그냥 들어가세요 여사제는 무료하게 덧문을 내리고 아편꽃 핀 아피아 가도 발꿈치가 살짝 들린 죽음을 따라 얼마나 더 올라갔을까 뼈들은 후두둑 떨어지고 살점은 한정 없이 늘어나 캄캄하고 문은 사정없이 닫히지 판관처럼 앉아 있는 먼지들과 바들바들 떨고 있는 별들이 몇 점 목구멍 아래는 다 타버려 들숨과 날숨 사이에 몇 개의 음절만 걸렸다 물을 마시니 참았던 것이 왈칵, 쏟아져 나왔다 시트를 적신 영혼을 그대로 둔 채 벽에 걸린 두 발과 구겨진 두 팔들 꿰어 입고 내려와야 해 후들거리며 떨어지는 비와 같은 나날들

런던파크

어디서 가져온 것일까
노루발을 하고 있는 화장대
부재를 에워싼 미려한 잎사귀와
열매처럼 둥근 라인으로 여기 앉았던 여자는
로코코 양식으로 과잉된 그 시간들은
어디로 갔을까, 먼지가 내려앉은 그 입술들
자물쇠를 잠그고 돌아선 방이 있었지
우주처럼 텅 빈 눈으로
생각난 듯 어디선가 반짝이고 있을까
진창에 떨어져 나뒹구는 참회처럼
박살나야 보이는 실금들
영원이란 것도 한순간의 균열을 위하여
기다려온 창녀였지
사랑한다, 사랑한다 더러운 말들의 육체
스팀타월로 닦아내고 한 세기를 걸어간다

그리스

저 분홍, 꽃피지 않아야 할 곳까지
구름은 피어나네

인간이 아직 인간이 아니었던 시절부터
알 수 없는 이 부호들

꽃으로밖에는 그리스를 못 찾겠다

깎은 산과 대지의 살점으로부터 떨어져 나간
섬과 신화처럼 떠밀리는 신들의 난민

하계의 스틱스는 터번처럼 공중에 풀어지고
돌처럼 떠오르는 시간의 시신들

누가 울었는가
자기를 들여다보다 세계의 심연에 닿은 이여

피어나지 않으면 전할 말이 아무것도 없다

귀퉁이를 잘 접어 매양 모습이 달라지는
환상을 후후, 불어넣으며

완만한 구릉 위로, 공중의 층계로
각설탕처럼 쪼개지며 떨어지는 지붕 위로

언제나 비극보다 더 많은 신들이 피어나는
그리스 그리스

국어 선생님

모국어는 혀 밑에 담고
우린 비행한다

그대 영토에 들어가기 위해
얼마나 떠나왔는가

멀어져야 내면까지 또렷한 당신
내가 지난 모든 지명(地名)은 당신이다
카테리니처럼

읽지 못한 헬라어도
매듭지은 이방의 알파벳도

내가 숭배하는 목덜미에 은빛 네클리스
당신 이름을 어떻게 아는가

사랑은 온 우주의 모국어
구름은 정성 들여 문자를 적어 보내고

>

아름다움은 번역한다

오로지 우리 둘을

이 한 통의 껌

운명은 롤러처럼
우리 위를 구르고
바퀴 자국이 남은 길처럼
시간은 패턴을 갖는다

어느 영혼의 상처에서
벗겨낸 진액인가
이것은 향기롭고 이것은 유연해

삶이라는 탄성

네 아픈 시간과 네 슬픈 권태는
기꺼이 씹어주며 가겠다
밴드처럼
한 번 더 상처를 감아 보겠다

많은 비밀과 달콤함으로
아직 벗겨지지 않은

영광이여

밀봉과 밀봉 속에 나란히 누워 있구나

나눌 누구와도

기쁘고도, 빛이 없도다

비의 이후

비가 오고

호수며 노면이며 모두
거북이 등껍질처럼 둥근 무늬

끝없이 생성하고 지워지는 순간의
저 갑골문자의 뜻을 나는 모른다

죄도 아름다우면
홀린 듯 계속 짓는가

비 그쳐도 가슴속엔 끊임없이
파문! 파문!

제2부

내가 품은 시대

사랑이 힘겨워 떠났다 더 무거워져 돌아왔다
양치질 하는데 이스탄불이 부글부글
실업자들이 잡아온 작은 어족들이 거품을 내놓고
타월로 닦자 한쪽 어깨에서 돌들이 굴러떨어졌다
이윽고 욕실이 폐허다
일만 년은 된 듯이 고여 있는 물
한때 씻을 이유가 있었던 곳곳을 기억하며, 홀로 물결치다
거울은 뿌옇다
와이퍼를 작동하자 더운 입김이 눈물이 되었다
나는 밖에서 울고, 나는 밖에서 기다리고
정교회 사제처럼 검게 감은 머리를 터번처럼 올리고
어떤 국경을 넘어온 표지로
그새 파랗게 얼었다
돌아서니 한 시대가 와장창 깨졌다

사랑 외경

사랑은 키를 맞춰야 하고
동등해야 하고
너무 아파서도 안 되고
완치도 않고
늘상 같은 질환
숟가락으로 밥을 뜨고
그 손으로 영혼을 건네는 일
도톰한 감촉으로 육체를 완성하는
사랑은 청결도 없고
마찬가지로 오염도 없고
사탕 하나 물려주고
곧 올 것처럼
영영 안 와도 또 누가 오고
배우지도 않은 페달을 힘껏 굴려
제 운명을 찾아가는 거
때론 차선도 바꾸고
사고처럼
피를 흘려도 그만큼

꽃은 피고
그러나 제 열매를
제가 맛보지 못하는 번외
사랑은 후레자식

쌀국수 먹는 밤

너에게로 갔다 밤을 헤쳐
두근거리며 별들이 쏟아지는 거리를
아무 집 아무 창 아무 사이에나 붙어
몸살을 앓으며
날이 밝아도 돌아오지 않고
가장 어두운 눈동자에 박히려고
끝에 등을 들고 서 있으려고
너에게로 갔다
몇 가닥은 바닥에 눌러 붙어
끊기기도 했지만
붕대처럼 풀어지는 시간들
길을 입도록 창안한 이는 누구인지
소통하지 않으려고
꾸역꾸역
돌아가는 역사
한 번도 나오지 못한 길이 있어
어쩌면 너는 찾아올지도 모르겠다
뜨거울수록 투명해지는 몸

낯설수록 그리워지는 몸
자꾸자꾸 고이는 이국의 눈물을
한 모금만 삼키면 알게 되겠지
이 육수에는
난민 같은 사랑이 떠다닌다는 것을

억새밭

우리 육체는 시선을 뚫고 가는 저 바깥
온몸이 다 뚫렸다
들판을 지날 때
바람은 돌아오지 못할 순간을 마른 잎으로 갖고
시간의 속눈썹에 너는 찔렸지
네 온몸은 앵글이 된 채
텅 빈 채
바람에게 너를 준다 억새밭에 너를 준다
죽음은 긴 꼬리를 남기고 어디론가 바쁘게 사라지고
우린 지치고 숭고한 피로에
매혹당한다
죽음의 한 동작을 아름다움으로 해석하여
너는 내게 보낸다
물기를 바싹 말린 한 움큼의 바람을 보여주려
흔들리며
흔들며
너의 감정과 너의 슬픔과
너의 너 없는 시간을 자꾸 자꾸

사랑의 달인

사랑은 꼭 얼굴을 필요로 하지 않아
달인은 지하에서 꽃을 피우지
지렁이처럼 내장 속에 두 개의 성기를 감추지
끝도 없이 알을 게우고 주리면 먹어치우지
달팽이처럼 느리게 걷지
오직 자기에게로 묵묵하지
몸에서 낸 즙으로 길을 낼 줄 아는 달인은
꼭 사랑이 아니어도 사랑밖에 모르지
자꾸 자꾸 제 살을 파먹으며
칼날 위를 걸어가지
한 번은 이쪽에서 또 한 번은 저쪽에서
시작되는 파국
영혼 같은 걸 바꿔가며 달인은 자기를 넘지
더듬으려고, 두 개의 피뢰침 같은 더듬이로
번개를 쓰다듬으려고
매번 얼굴이 바뀌는 하늘을, 달인은

자중하지 않는 저녁

해보다 붉은 꼬리를 엮어
두 몸으로 가벽을 세운
여기는 너희의 방

우그러진 원 안에 본 적 없는 심장이 두근거리네
산을 들썩이고 초록 머리채를 잡아채네
세간살이 하나 못 갖춘
극빈의 신혼이여

그러나 오직 둘만의 왈츠
가장 빠른 속도로 시간이 충돌해 올 때까지
바들바들 떠는가, 이 춤은

제발 자중하란 말은 하지 마세요
미물로서도 가장 신중한 말과 행동이 여기 있어
저희는 배우는 것입니다

몸이 곧 방이란 걸

방은 죽음에 대한 하나의 제안이에요
빨간 관을 열고, 춤이 흘러나오는 다저녁에는

꽈리가 익을 때

접시를 닦는 나날들
하얀 행성 같은 시간들 일렬로 세울 때

손가락에 박히는 파편
차곡차곡 꽃씨를 쟁여 붉은 돌 속에 갇혔지

손바닥은 받침이 되어 접시를 피운다
고개 떨굴 때 겨드랑이로 옮겨 앉는 꽃들

팔꿈치에서 뿌리가 내리고 입 안에서 혀가 익는다

누가 힘껏 불어주기라도 한 듯이
거품이 부글거리는
폐포

제일 끝까지 가서도 제게 관련된 목록을 뒤진다

'붉다'의 연관검색어는 가려도, 다 붉다

사랑의 예찬

그 많은 책 중에 유일하게 집어 든 한 권
주인은 팔지 않는다 했다 자기도 빌려왔다며

눈물이 핑 돌았다
겉장을 여니 천사이거나 은빛 뱀의 머리털
메두사의 표식이 있었다
또렷하게 진짜 주인이 여기 있노라고
천 개의 혀끝에서 독을 쏘았다

청색 몸이 바스라졌다
영혼을 치르고 들고 온 사랑의 바디
책은 내려놓았지만
책은 걸어 나왔다

미로 같은 골목을 헤매는 건 잘 숨겨두기 위한 것

사랑은 폐족하지 않는다

빼가 다 허물어졌다 억새 같은
흰 머리털도 바닥에 거의 누웠다

안쓰러워 발 뿌리를 만지며
여자는 따라 간다
이 방죽은 처음부터 제 운명을 걸었고

우리는 허물어지며 넘치며
화염의 출구를 빠져나왔다

볍씨처럼 탄 별들을 입에 물고
인간의 둘레에
한 모종씩 불멸을 심으며

몸속에는 죽음이 자갈처럼 굴러 가지만
송사리 떼, 쉬쉬 거리는 요도

부끄러워하지 않아도 되는 것들만

급소를 내놓고

무릎 아래 또 한 시절이
정충처럼 달려 있다
불을 헤엄치는 자세로 꼬리가 바짝 들려

아무도 끝을 모르지만

사랑은 폐족하지 않는다

영혼의 집

가장 멀리까지 가서
벽을 한 번 더 밀고 왔어요
당신이 데려다 놓은 곳에 어리둥절 있다
와그르 별이 쏟아져 나오는 소리에
너무 놀랐죠
당신은 또 목수처럼 땅땅 기둥을 세우고
저는 자꾸 들창문처럼 터졌어요
중심은 어디에도 없다 했죠
우주는 그 자체로 있는 거라고
어느 끄트머리에서 한 칸 집을 올려도
중심에 버금가지 않을까요?
맞배지붕 펼치듯 화르륵 열고
당신은 이름을 적습니다
저는 가져다 문패를 올리고 내려왔어요

소녀

젖멍울도 안 잡혀
우주는 가슴이 평평한 계집애 같았다
검정 체조복을 입고
온몸에 반짝이는 스팽글
휙휙 구를 때마다
별들이 짤랑거렸다
손끝 발끝
이쁜 표정의 끝에는
과일처럼 행성이 열렸다
해랑 달은
작은 복숭아처럼 가슴팍에 숨었다
그걸 따먹겠다고
누군가 한껏 손을 뻗쳤다
너였니?

성혼

우주는 제게 왜 당신을
계시해주는지

저는 알고 있어요

우리는, 우리가 만든 창세를
누리고 있다는 것을

당신은 옆구리에서 뼈를 꺼냅니다
새는 한쪽 날개로도 충분합니다

그렇게 커다란 달 속에서
인류가 걸어 나옵니다

길고 두터운 별들의 먼지 위로
새가 발자국을 찍습니다

신들은 복화술로 저희에게

끼어듭니다

한쪽 눈동자, 한쪽 날개를 붙이고
자꾸 자꾸 겹쳐지는 저희를

그게 '사랑'이라고 증언합니다
그게 자신들의 유일한 임무라는 듯이

검정 고양이

우린 지나가고 고양이만 남는 게 아닐까
우주의 주인공은 사랑이 아니고
고양이가 아닐까
저 검정, 대리석도 흉내 내지 못하는
신전의 조각을
자유자재로 부셨다 맞췄다
고양이는 아름다움을 진작에 권태로워했다
저토록 오만한 미의 형식을 본 바가 없을 거다
우린 퍼덕이며 시간을 치고 올라와
등 푸른 생선이 되었지
검정 살결과 보다 더 빳빳하게 일어나는
밤의 상처에 복종하고 싶어서
우린 잔인무도한 여신의 앞발을 흉내 냈다
서로를 찢어발기며
뒷골목으로 얼마나 찍찍거리며 돌아다녔나
왜 우는지도 모르고
서로의 죽음을 애타게 청하며
고양이는 사랑 따윈 진작에 물렸대

발

발이 보고 싶다
한때 내 입술이 가까웠던
고운 모래더미
누가 찰흙으로 빚은 것도 아니게
저항 없는 시계처럼
쏟아져 내린
우연의 형상이 보고 싶다
조금이라도 세게 불면 스르륵
존재를 풀고
온 적 없는 곳으로 돌아갈
어떤 연민이
인간의 한 부위를 이루었는지
그게 발인 것인지
연옥을 감식하는 혀를
맛보고 싶다
한때 내 입술이 꽃잎처럼 덮이었던
단 하나의 얼굴이

평자

그는 앉아 있는 사람
달리면서도 불가항력의 내심을
자신의 본연으로 하는 사람
자벌레처럼 사지를 틀어쥐고
우주를 긴장시키는 사람

의자에 앉았어도 오히려
단전에 의자를 앉힌 사람
끄떡도 없는 생각의 골상에서
뻗어 오른 손가락들은
검은 자판으로 전이된다

글자들의 몸을 벌리고
꿀럭꿀럭 헤치고 격돌하는
두개골처럼 집중했다
파산하며 물러서는 손바닥

막다른 얼굴이

수족을 갖추고 있다
구툴거리는 영혼의 내막 위
소용돌이치는 국부의 위에
의자를 가져다 놓고

그는 꼼짝없이 앉아 있는 사람

걸으면서도 붕괴되면서도

고요를 생성하는 파국의 두 눈알

별마당 도서관

죽은 자들이 별처럼 내려와 앉은 무릎팍
오글오글 몰려와 폭발하고 산재하고 뭉치고
꼬리별처럼 흘러내렸으면
당장 그물을 던져 빠져나가지 못하게
몽상의 천정을 만들고 너의 무릎팍을 껴안을 거야
가슴뼈에 닿아 푸른 멍이 드는 자리
퍼덕이며 날아오르는 책
너는 천천히 일어나 거인 같은 머리를 수그리며
아주 작은 소리로 말한다 어디를 돌아다니다 왔는지
사람들은 순하게 죽은 자와 의자를 나눈다
별처럼 내려와 오글오글 다시 너의 무릎팍 속으로
데리고 들어간다 이 세계를 한 번 더 힘껏 껴안으려
둥근 연골 같은 신들의 침묵 속으로
나는 뒤따라 들어간다

제3부

오시비엥침

죄송합니다만, 그게 예술이어야 한다면 저는 차라리 무지하겠어요 신들의 퍼포먼스라면 오시비엥침을 권하겠어요 유리벽 안에 냄새나는 그 신들 사이클론 비가 묻은 신들의 발을 권해도 될까요 사랑하는 이의 빨간 힐과도 같은 굽이 얌전히 닳은 신들의 영혼을 보세요 일 센티미터도 안 되는 신장의 보이지도 않는 발, 그걸 감싼 먼지와도 같은 신을 보러 오세요, 아우슈비츠 그 말은 무서워 신앙 같은 폴란드의 언어로 발음하겠어요 천사의 창 같은 오시비엥침, 생각만 해도 저희를 울게 하는 천국의 신들을 우린 초대해야죠, 예술이란 허드레로 또 무얼 할 수 있을까요 몸이 없어 신을 못 신는 발들을 발굴하기로 해요 신발의 망각 속에 기절한 신들을 흔들어 우리는 걸어야 하니까 죄송합니다만, 당신은 그래야 하는 거죠 예컨대 예술이라면 기꺼이 여기 와 찔려야 하는 거죠 사랑처럼 찌르지 못한다면 예술이 아니기로 해요, 우리

꽃은 죽음의 온도

방향을 틀 힘도 없을 가볍고 애틋한
솜털
세상은 은유로 가득 차서
또 무슨 얼굴을 감춘 것인지
이 아침 새의 족적을 따른다

가령 도로 위에 경쟁적으로 질주한 바퀴는

삶의 한 형태를 지나갔는가
속도에서 탈진한 노래는
목뼈가 부러진 채
풍경은 단 하나의 눈동자를 잃어버렸다

부풀다 꺼진 부레처럼
붉은 공기방울들이 떠다니는 거리

돌멩이는 심장을 꽉 움켜쥐고
직전의 운명을 바라본다

한번은 비틀거리며
쓰러지던 석죽의 무릎 위
마지막 체온을 넘겨주던 뜨거운 죽음을

모과 아래

뜨거운 물에 데인 듯
붉었고 부풀어 있었다
공기가 각질처럼 차갑게
내려앉아 있었다

길고 딱딱한 그 이름을 알 수 없어
더듬다 한철이 지났다
그런데도 꽃 피었다

색과 향은 꽁꽁 감췄다
스스로 흉하기로 한 마음이 있어
울퉁불퉁 우그러진 거울 속

천둥 치고 벼락치고
즈뗌므 즈뗌므
말들이 짜개져 나갔다
악물고 검게 썩어버린 치아들

먼 데서 오는 향이
낯선 육체를 에워싸고
못으로 꾹꾹 눌러 쓴 시편들이
과육처럼 익어갔다

그걸 다 내다 걸었다
꽃들이 떨어진 자리라고 했다
말들을 삼킨 자리라고 했다

북문

저는 오늘 북문에 다녀온 거 같아요

수문을 닫아걸고 눈동자엔 마지막 눈물이 고였어요
먼 산이 제 그림자를 담으려고 더 멀어졌어요
선 채로 참형을 견딘 자들이 뒤에 남아
제 몸을 수습하고 있어요

가을은 상처를 아는 모두가 혈족이니까

왜, 왜, 왜냐고 묻지 마세요

희고 딱딱한 껍질을 열면 누구라도 날고 싶을 테니까
하중을 견디지 못하는 것들은 깨져나가고
지상에는 천상의 구조물만 남을 테에요
서까래를 들추면 저희는 날아가고
한철 텃새처럼 죽음만 기억이 나요
왜가리처럼 긴 날개를 펼칠 때, 잠은 깊고

>

저는 북문에 다녀온 거 같아요

발자국이 다 타서 자꾸만 하얗게 쏟아져 내려요

미안해요, 로힝야

눈동자를 빼놓고 자던 밤

두 개의 유리구슬은 끝없이 굴러 연꽃을 연상하는 로힝야에 멈췄죠

그를 너무 따르면, 그는 지옥을 만들고
수치스러워 서로는 서로를 감추죠
그게 진리든 사랑이든, 멈춰야 할 때가 있는 거죠

로힝야, 불에서 타오르는 연꽃
로힝야, 불을 태워야 떠오르는 꽃

당신이 저를 수치스러워한 이유를 진작에 알았어요
그러나 로힝야, 로힝야

그대는 한 사람의 인류

계획에도 없는 일들이 발생하죠
죽은 줄 알았는데 계속 떠밀려오죠
사랑의 시체는 사랑의 현존
물속에 제 몸보다 더 큰 바위를 안고
누워 있는 사람을 보았어요
그는 희고 벗었고 참혹했어요
우리가 익히 아는 몸이라 더욱 놀랐죠
사랑의 사체는 사랑의 파도를 타고
밀려오고 밀려오고 물의 바닥에 또 있고
혼자만의 지옥을 세상이 이렇게 반복하다니
오늘도 어김없이 인류는 한 몸, 한 꿈이에요
계획에도 없는 일이 계획보다 먼저 일어나죠
그러니, 죄송하단 말은 않겠습니다
자꾸 저지르는 건, 자꾸 책임지란 말

쌍둥이좌

아령에 발가락을 찍혔다
근육을 키울 도구에 뼈가 으스러지다니!

사물의 적의는
나른하고 부주의한 것에서
그렇다, 의식의 가장자리에서
점화하는 불꽃
중심으로만 꽉 차 있는 외부가
저기 있다

꿈과 폭발이 공존하는
두 개의 두개골
분열하지 않고 어떻게 공전해 왔을까
무거울수록 흉기에 가까워
당신은 이 사태 속으로
들어오지 않는다

그러나 통증의 고른 균질로

사랑은 여전히
지구의 총질량에 동참하고
명백히 외부에서도
당신은 나의 핵이다

캄보디아

누군가 붕대를 감아 주었어요
헝겊인형처럼 보드랍고 무른
손바닥보다 작은 발
쇠공을 끌던 쪽 골반은 뒤틀렸지만
다시 여자로 사는 데 문제없었어요

아이도 낳고 기적도 강행하고
제일 안쪽에 해골이 다닥다닥 붙은
저의 안쪽을 찾아온 이는
당신이 유일하죠, 그래서 죄송하죠
제가 감춘 것이 저의 얼굴이라니

당신께 고난의 수문을 열어 드린 걸
죄송해 해요
당신께 우글거리는 죽음을
일일이 명명케 한 걸 죄송해 해요
사랑이란 저의 폭행을 죄송해 해요

그러나 당신은
보고 싶은 걸 행사하러 저를 방문하고
몰살당한 종족이 있다면 조용히 깨어나요
당신이 보았으니까
제가 자꾸 자꾸 피어나는 이유를 알겠는지요

잠든 너의 목덜미

지구가 부드럽게 중심을 잡아주던
배는
손가락으로 쥔 자국이 그대로인 채
오목하게 삐져나온 밑바닥을
공중에 내어놓고
우리가 어쩔 줄 몰라 짐승처럼 울 때
중력이 흩어졌고
바닥이 벼랑이고
늪 속으로 해가 딸려 갔다
너의 가방, 너의 체육복, 너의 구명조끼
써보지도 못한 지폐 다섯 장
속에 피를 토하는 우리가
슬픔으로 문드러져
누구 몸이라 할 것 없는 우리가
배 안에 들어가 너를 껴안고
밑바닥에 드러누워
저승의 수문을 막고 있어
조금 더 자고 일어나려무나, 아가

너와 함께 살고

너와 함께 죽고

영혼은 엄지와 검지만 사용해

깨지 않게, 쉬잇!

너의 잠든 목덜미를 살짝, 들어 올릴 거야

달의 뒤편

오늘 같은 밤에는 너무 분명해
행성의 서열을 흐트러뜨린다
하도 팔을 괴어 귀퉁이가 우그러진
달의 뒤편에, 탁자를 놓고
떠나온 사랑의 지평을 바라보리라
우리가 얼마큼 멀어질 수 있는지
내기를 해볼까 꽃잎처럼 취해
뛰어내리고 뛰어내려도
잊겠는지를
호야, 서로의 지구에 살러 온 이유를

봄의 망인

북극보전 담장 너머
불어오는 것들은
영가의 자리를 흔들고

전각 아래 벚나무에
남은 숨 걸어둔다

말없이 꿇고
울고 싶은 마음이 있었다

기도는 어디에서 올라오는지
흙을 한 점 덜어준 진심이 있었기에
꽃은 허공을 걷는다

비를 타고 어떤 마음은 바닥이
극락왕생이다

다시 피리라 믿는다

에게 해

이제 갈게 애기야, 너를 보러
에게 해서 건진 너를 보았어
우리가 찾을 힘이 없자
노한 여신이 너를 건져주었지

작은 보트 같은 자궁이
그딴 식으로밖에 인류가
너를 담아두지 못하다니
애기야, 에게 해로 우린 갈게

바람은 무슨 말을 전하는지
하늘은 어떻게 울음을 삭히는지
그리고 온 대양에서 흘러온
코발트빛 코러스를

숭고해야지만
버틸 수 있는 비극을
삶은 어떻게 시작되어야 하는지

애기야, 가르쳐줘
아름다움을 아름답게 두어도 되겠는지를

나는 갈게 너에게로
슬픔이 헤쳐져 흩어질까 봐
황색의 붕대로 꼭 여미고서

피어나줘, 제발, 신화처럼 에게 해야

흰 오릭스

누가 너를 불렀나 흰 오릭스
발음하는 그대로 걸어 나온 너
활처럼 뒤로 뿔을 하고
그 누구도 찌르지 않겠다는 의지
밤의 표지를 열면
흰 고독이 서성이네

무엇을 되뇌었던가
극빈의 내장을
최소한의 한 모금으로 버티다
너는 멸종의 대열에 들어섰구나

입 안에 모래가 씹히는 여기도
무너질 것들이 간신히 버티는
열사의 한가운데
생존의 즙을 게워놓지 않으면
우리도 어디선가 흰 뼈로 눕겠지

>

그러나 사막의 지표여
네가 더듬은 초원의 경계여
무엇이 더 남아, 돌아온 거냐
작업을 못다 마친 인부처럼
이마에는 철강을 꽂고

밤의 흉터

선생님, 어쩔 수 없이 고합니다
이것이 고통을 더할지라도
지구의 모든 통증을 기록해야 하느니

쇠사슬 소리를 내며 그가 왔을 때
어디 있는지 모르지만
제겐 촛농처럼 눈물방울이 떨어지고

끓는 물에 담긴 듯 부푼 발이 두 개
다 삭아 드러나는 발목뼈와
구더기가 우글거리는 길의, 킬링필드

쇠사슬을 끌며 나란히 갔어요
보폭이 똑같은 쇳소리는 우주에 상처를 내고
별들은 점자로 기록합니다

선생님, 발이 아파요
뼈는 끊어내지도 못하게 티타늄처럼

고통의 재질로 미래는 만들어졌네요

저렇게 드높고 반짝이는 것들도
수난을 이어가는데, 제게 사랑이
사랑만으로 사랑을 잇는 것이 아니었어요

심해의 묘지
—류샤오보(1955~2017)

바다는 이미 몇 개의 띠를 보내
그를 마중하고 있었다
대륙의 고뇌를 홀로 삭히던
한 남자의 환부를 감싼 것은
그러나 자유였지
팔다리를 분지르고
입과 두개골과 피 묻은 목소리를 잡아둔다 해도
모든 고통의 연대를 제안하며
바다는 한 남자를 초대했고
그는 파도의 혀를 빌어 말한다
자연이 외치는 것은
이로부터 오로지 인간이다
그리고 여자는 본다
자신의 심장이
죽음 속에서 박동하는 모습을
사랑이 온 주검 위에 물결치는 모습을

제4부

녹슨 경첩

문을 잃은 나비

접혔다 열렸다

날개 끝에 징 자욱

어두운 구멍이 문양이 되었다

너는 자유로우나

떠나지 않고

지키고 싶은 안쪽이 있다

드나드는 특별한 통로를 가졌다

벽 안의 뿔

절간을 쏘다닌다
주인도 없는
말들의 폐허
이제 겨우 숨을 돌린다

소리에도 살과 뼈가 있어
꽃들은 붉은 팔뚝을 내줬다
휘뚝 꺾고
쇠는 심장을 쨍쨍 치며
독송을 잇는다

이곳에 늘어선 삼매는
사실일지 모른다고
나무로 만든 구름이며
쇠로 만든 물고기가 말한다

부들부들하다
쇠꼬챙이로 쑤신 듯한

격통이 있었다
한쪽 벽화에
소 한 마리 뿔을 들이밀던 때이다

내게 움틀 것이 무엇인가
봄에도 풍랑과
격랑이 있어
여린 꽃들도 한 마디는 하고 가는데

봄비

당신은 매번 어떻게 당도하는지

올 때마다 다른 손을 하고서
없던 몸도 생겨서
마주하느라

물은 투투툭 심장을 갖고
물결무늬 파형으로 달려 나가요
층마다 다른 깃으로 새들은
공중의 누옥을 옮기고

사물이 조금씩 자리를 바꾸고
비어 있는 곳만큼 저희는 들이차죠

차가운 뺨이 생겨나요
뜨거운 이마를 적셔요

다스리지 못한 질환을 모두 내걸고

이 비에, 저는 앓아요
피고 지는 일은 제 소관이 아닌 듯이
어떤 증후에 시달리고 있어요

당신을 매번 어떻게 받을 것인지
어떤 몸으로 당신을 새길 것인지

아는 것이 하나도 없어요 저희의 이후를

당신은 어떻게 당도하는지
저는 어디에 도달할 것인지

올 때마다 어떤 손이 어루만지는지

개나리, 개나리

너의 외각을 다 입술로 채운다
가쁜 숨결이 묻은 말들이 흔들리는
한 묶음의 시
버리지 못해 곁에 둔, 한 행이
공중의 문맥을 찾아간다

누군가 고개를 수그리고
끌어당기듯 줄 이은 두레박
들려주고 싶은 말은
한 모금의 찬 우물
빈집 사립문을 열고 들어가

입술을 대고 맛보아라
노랗고 죄 없는 너의 천진을

초당 서신

초당에는 봄볕이 싸르락거리는 툇마루

솔밭에 바늘 침 하나 얻어와 울안의 가장 평평한 자리에 따듬따듬 수를 놓고 먼 데서 얼굴 없는 바람이 불어오면 귤빛 나리와 주홍 봉선화 돌담 아래 걸어놔야지 겨울밤이면 꿈속 긴 다락에 광목천을 끌어와 하얀 솔기를 이어갈 거야 꼬박꼬박 졸다 손톱 아래 이른 매화도 떨구겠지만 호수에 언 달이 갇히고 창에는 성에가 낄 때 문풍지를 떨다 따라 나서야지 벗은 고무신 젖은 코를 남빛으로 돌려놓고 먼 바다 풍랑을 헤아리는 어선처럼 울다 가야지 균아,

사각 귀를 꼭 끌어당겨 너를 덮고 남은 귀퉁이는 이쪽으로 언 발을 덮어줘

달에 묻다

그냥 그리워만 했을 뿐인데
달은 일 인치 끌려왔어요

둥글고 크고 노란 것은
점령되지 못한 영토죠

제가 허락하기 전까지는
당신은 혼돈에 휩싸여요

자꾸만 익숙한 질서 속에
우리 은하를 집어넣어요

저는 뒹굴어요 세상 위를
노래해요 단 하나의 음절을

얼마나 뒹굴어야 폐허는 저의 영혼일까요
밤은 얼마나 짙어야 영원이 굴복할까요

당신은 탄생하는 거였네요
내 우주를 뒤흔들고

뾰족한 이빨과 앞발톱을 감추고
동그란 심장이 떠오르네요

사랑해요 사랑해요
붙여놓은 공중의 스티커처럼

온힘으로 쏘아 봐야
터져 나오는 한 움큼의 맹세처럼

드높아요 당신은
답변할 수 없는 모든 질문의 대구(對句)처럼

네가 잠든 아파트

고통의 한 구간을 걸었다
神이 감춘 계획 속을
차갑고 축축한 살갗을
맨발로 걸었다
너는 짓뭉개져 고약한 냄새를 풍기며
가을을 잡아끌고 있었다
내가 사라질까봐
아파트 측면은 끝까지 이어지고
어디에나 너는 들어 있다
곽 속의 성냥개비처럼
젖어도
사랑할 날들은 많다
공중에서 神을 필사하고
특권처럼
차갑고 축축한 너의 살갗 위로
계좌가 열린
은행들이 쏟아져 나왔다
짓무르는 자본이

길의 순례에 참여한다
너는 피로하지만
너는 황홀하다
고통의 한 구간을
내가 다 걸어가기 때문이다

저의 단 하루

태양은 오늘 아침부터 하루를 다 돈 듯
피로해 보였어요
무슨 일이 있었는지, 무슨 일이 있을지
그는 다 아니까
먹지도 씻지도 말하지도 눈물도 말고
모든 인간을 멈추라고
자신의 뒤편에 숨겨주었어요
저는 스테이플러로 제 발을 지구에 박고
사각 야전 침상이 되었어요
철근으로 뚤뚤 감아
아파트는 가장 내밀한 피부가 되었지요
눈물이 커튼처럼 흐리게 세상을 가려주었어요
태양은 될수록 그림자를 감추고
창들은 차라리 눈꺼풀을 다 감아주었어요
나뭇잎은 기다렸다 영광을 반납하고
사람들은 오후의 햇살이 얼마나 소중한지
알 수 없는 신앙에 사로잡히죠
저는 오상(五傷)을 입은 듯, 온몸이 불타요

그러나 눈감은 자들은 알죠, 태양이 숨긴 것을
제가 숨긴 저의, 단 하루를

애월항

물가에 빗장뼈를 내놓고
우리가 보낸 날들을 탈골합니다

밤은 선홍 슬립을 내리고
나란히 누웠습니다

저는 이제 몸이 없겠으나
이름을 얻었습니다

유리처럼 둥근 눈을 밝히며
돌아오는 것이 당신이 아닐지라도

젖은 발자국 달을 디뎠습니다
푸른 꼬리 감추고 돌로 앉혔습니다

사랑은 모든 우리의 위에
과객처럼 한담을 나누겠습니다

사시찬요를 찬탄하다

제가 왜 이렇게 됐을까요, 할 때
그럴 때가 되었으니 그런 거지, 하고
이 알 수 없는 일들을 이해시켰죠
가슴이 뭉치고 응어리지고 풀리고
먹구름이 오히려 비를 퍼부을 때
머리부터 발끝까지 초록이 돋고
결을 잘 잡고 상처도 가다듬으면
철마다 다른 꽃으로 세월을 넘겨요
사리 같은 알곡을 남기고 당신은 떠나죠
이런 마음을 일찍이 누가 알았던가요
천년도 전에 대지의 시를 묶었군요
봄–여름–가을–겨울, 5권 1책
네 개의 계절을 찬탄합니다
계절이 품은 24절기를 계미자로
몸에 새깁니다
눈멀고 길 끊겨도 꽃필 때 떨어질 때
천 길 낭떠러지 아래라도 씨앗은 숨었죠
꼭 매달려 당신이 돌아오는 때가 있는 거죠

외도에서

눈을 뜨면 왜 자꾸 죽고 싶지?
연탄집게로
내 심장을 좀 꺼내줘
어디 멀리 김포쯤 가서 금속 깃털로 매달아줘
치솟은 불길이 아직 남았니
먼 바다 건널 때 밤처럼 나를 꺼트리렴
우린 보았지
식은 분화구, 전설이 끝난 후에 당도한 사랑을
물살에 쓸려 보내고
물속에 갖고 들어가는 불의 뿌리털
네게 닿아 그슬린 검은 거웃 털
눈감으면 왜 자꾸자꾸 돌아오지?
사방이 구멍인데
입술에 제주를 붓고 그림자 속에 잠기는 섬
보았니? 죽은 자들이 밤마다 꽃잎을 펴는 광경
꽃줄기를 들었다 내렸다
물속에 불탄 꽃 하나 있어
속 불을 비벼 꺼도

사랑은 치외권역이다

불의 끝을 본 심장은 반도의 바깥에

제주 여자

선생님은 너무 부드럽고 전체가 여자다
했는데, 나는 너무 독하지요, 한다
슬픔 따위로 부은, 외로움이 권력이 되도록
누가 그를 버려둔 것일까, 대답 없는 질문은
오늘 한차례 쏟아지고 겨울은 전초전으로
다툼 없는 승리를 끌고 왔다 당신의 성채를
한 번도 못 봤지만, 당신은 매번 와, 벽돌처럼 무너지고,
어떤 우연은 치부라서 차라리 운명이다
언어를 벗기면 황량한, 나는 이 질량과 질감을 따르는가,
복종하고픈 폐허가 당신에게는 있어서
선생님은 너무 부드럽고 전체가 독극물이다
극소량의 여자로 세계를 무너뜨린다
나는 이 진흙 속에서 아직 출발조차 못한 것 같다

서오릉에서

별아, 너는 큰 무덤을 보고 싶어 했고
왕족처럼 걸었고
나는 지상의 주림이 우글거리는 내장을
보기로 한다
모든 익명의 성스런 부위를
지금 막 분리하는 말벌들
검정 하부에 두른 띠에는 황금이
몇 겹이나 병렬하여
이 살육에는 모종의 위엄이 서리고
초록 스란의 아래에는
몸이 관이라는 진실을
일깨우는 조용한 근친이 있었다
무덤이 관심 없냐 물었을 때
다만, 목이 뜯겨 답할 수 없었던 뿐이지
버선처럼 속을 뒤집어 깨끗한 한낮이었어

시

흰 장미여
우리는 네가 숨긴 것을 모른다

침상의 링거처럼
네게 주입된 수액을 모른다

소용돌이치는 고통을
고독한 난관을

엄밀히 측정하는 너의 차트

흰 장미여
우리는 네가 숨긴 것을 모른다

창조의 첫 단계부터
죽음이 개입한 이유를

모든 죽은 자의 얼굴로

제 영정 사진을 들고 가는

흰 장미여
말해 달라 너의 이름을

분꽃이 오는 밤

저녁의 무수한 반복들이
또 다른 바닥을 찾아, 내려앉을 때
빈주먹을 쥐고 나는 시들고

늙고 무성한 죽음을 쏟아내며
끝까지 앉아 있는 일이
내가 소명할 꽃이란 것을

이 작은 방석들을
진정한 꽃잎은 아니었던 받침들을
한 사람의 상처를 익히는
일이었다 해도

나는 까만 눈동자를 하나 얻었으니
누추하고 어둑한 골목에서
한 사람을 떠나보내고
줄줄이 입을 닫는 지상을
분합에 담는 것이니

해설

세상의 모든 한 사람을 위하여

박동억(문학평론가)

1. 사랑의 능력

함태숙 시인은 무엇을 말하는가. 손쉽게 독자들은 답할 수 있으리라. 바로 사랑이다. 손쉽게 말해, 사랑이란 그리움이다. 이 시집은 당신에게 사랑하는 이를 그리워하는 방식으로 다가간다. 전율을 느끼게 하는 피부 접촉으로, 때로는 먼 곳에 있는 당신의 이름을 부르는 혀로, 마지막으로는 당신의 흔적 또는 영원을 더듬는 손가락으로 말이다. 끝내 시인은 인간이 가질 수 있는 한 탁월한 능력으로서 사랑을 키워나가려고 한다. 함태숙 시인의 사랑에는 깊은 용서가 있고, 도달하기 힘든 아름다움의 높이가 있으며, 인류 보편으로 향하는 넓이가 있다. 통속적인 사랑과는 다른, 숭고한 사랑의 능력이 이 시집에는 깃든다.

그렇기에 이 시인의 사랑이 얼마나 짙은 그늘을 이겨내고 탄생한 것인지도 말해져야 한다. 한 사람을 사랑하듯 모든 인간을 사랑한다고 말하는 자는 무엇을 견디고 있는가. 인간의 마음속에는 악이 있다. 어떤 인간은 타인을 착취하고 희롱하며 지배하기를 바란다. 그런데도 그러한 세계를 끝까지 믿겠노라고 시인은 말한다. 모든 죽어가는 이의 숨죽인 울음소리를 무시하며 자행되는 세계의 살인과 전쟁을 목격한다. 그런데도 시인은 끝끝내 나는 사랑하겠노라 선언한다. 어쩌면 함태숙 시인은 사랑하기 때문에 시를 쓰는 것이 아니라, 사랑하는 힘을 확신하기 위해 시를 쓰고 있다.

이러한 사랑은 어떠한 능력인가. 타인을 사랑하는 이의 눈은 타인의 깊은 어둠을 꿰뚫는 눈이다. 누군가의 쓸쓸한 풍경을 더듬고, 그의 쓸쓸함과 포옹할 수 있게 해주는 내밀한 투시력이다. 이번 시집 『그대는 한 사람의 인류』(시인동네, 2019)의 구성과 주제는 첫 시집 『새들은 창천에서 죽다』(현대시, 2017)와 그렇게 멀지 않다. 다만 시인의 시선은 좀 더 깊어졌고, 내용은 좀 더 넓어졌다. 한 걸음 시인이 전하는 확신의 목소리는 깊어졌으며, 그는 이렇게 말하는 듯하다. 그래도 사랑이어야만 한다. 이 사랑의 호소는 그 목소리에 뒤섞인 설렘과 안간힘을 함께 전한다.

움직이지 마, 가시뼈를 뽑아
글을 적고 있잖아
아프진 않아, 너의 등은 물결이 되었잖아
이제 돌아누워 봐, 노년기 지형처럼
순하게 앉은 가슴과 쓸쓸한 둔덕
한 광주리의 출렁이는 햇살이 그득한 배와
내게 쥐어준 깃털 펜대
네게 파고들잖아
놀라면 안 돼
내가 만들어준 육체를 버리면 안 돼
목에 깁스를 한 듯 꼼짝 말고
눈만 깜빡여야 해, 이제 밤이 올 거니까
너는 별들이 떠오르는 캔트지

아파서 응석 따윈 받아주지 않겠다고
내게 협박해 보렴
내게 경고해 보렴

다만, 흔들리지 말고, 다만 움직이지 말고
글자들이 떨어지잖아
자꾸 내가 사라지잖아

—「글자의 피부」 전문

사랑의 가장 황홀한 몽상은 하나가 되는 것이다. 두 사람의 고독이 하나의 기쁨으로 합쳐지는 것이다. 이러한 도취적인 사랑의 몽상이 함태숙 시인에게 없는 것은 아니지만, 그가 보여주려는 사랑의 진실은 조금 다르다. 그의 사랑은 고통을 닮아 있다. 그의 사랑은 피부에서 벌어지는 사건이다. 피부란 너와 내가 만나는 에로틱한 접촉을 가능케 하는 동시에, 너와 나를 구분하는 경계면이다. 피부라는 저항을 뚫는 것, 두 개의 존재라는 진실을 넘어 너에게 스며드는 것이 바로 사랑의 몽상이다. 시 「글자의 피부」는 바로 그러한 몽상과 비교할 때 진의가 드러난다. 시인은 당신의 피부에 글씨를 새기는 중이다. 그것은 바로 접근할 수 없는 '너'라는 먼 존재에게 전하는 편지다.

나는 너를, 너는 나를 들여다볼 수 있을까. 이 조바심이 고통을 만든다. 내 존재가 잊힐까 두려운 마음이 날카로운 '가시뼈'로 네 몸에 상처를 내어, 나를 상형문자로 새겨야 하는 이유가 된다. 시 「글자의 피부」는 사랑이란 네게 나를 새기는 것, 네 피부에 나의 존재를 문신처럼 각인하는 행위임을 전한다. 사랑은 서로 다른 두 사람이 상대를 세공하는 것이다. 서시 「꽃의 통점」에는 "건들면 악! 하고/너가 꽃피는 자리"가 있다. 이 문장은 '꽃'이란 아픈 환부에 당신이라는 사랑을 덮어 치유한다는 뜻일 수도 있고, 아니면 도리어 사랑으로 인해 아프다는 의미일 수도 있다. 굳이 한쪽을 택할 필요 없이, 함태숙의 시에는 두 가지 경우가 모두 나타난다. 나의 몸은 네가 새긴 꽃이고, 너의 몸은 내가 새긴 상처다. 그 반대여도 좋다. 연인은 꽃과 상처를 교환하며, 하나가 되는 몽상과 하나가 되지 못하는 고통의 경계면에서 놀이한다.

그렇기에 위 시에 고통만이 존재하는 것은 아니다. 이 모든 사건은 사랑하기 때문에 벌어진다. 그렇기에 '글씨'는 '가시뼈'로 만든 상처일 뿐 아니라, '깃털 펜대'로 새긴 날개이기도 할 것이다. 사랑에는 필연 황홀이 있기 마련이다. 너는 내게 높다. "별들이 떠오르는 캔트지"를 우러러보듯 나는 "내가 만들어준 육체"인 너를 바라본다. 서로를 바라보는 연인의 세계는 타인을 지운다. 황홀의 원무가 벌어지고, 연인은 그들만의 세계를 향해 날아오르는 것처럼 보인다. 결국 고통과 황홀의 원무를 지속하라는 애정 어린 엄포를 놓는 것이 이 시의 목소리다. 당신이 협박하든 경고하든, 혹은 당신이 행복을 느끼든 고통을 느끼든 나는 사랑하고 싶어. 사랑을 좀 더 견디고 싶어. 그렇게 시인은 말한다.

> 모국어는 혀 밑에 담고
> 우린 비행한다
>
> 그대 영토에 들어가기 위해
> 얼마나 떠나왔는가

멀어져야 내면까지 또렷한 당신
내가 지난 모든 지명(地名)은 당신이다
카테리니처럼

읽지 못한 헬라어도
매듭지은 이방의 알파벳도

내가 숭배하는 목덜미에 은빛 네클리스
당신 이름을 어떻게 아는가

사랑은 온 우주의 모국어
구름은 정성 들여 문자를 적어 보내고

아름다움은 번역한다
오로지 우리 둘을

—「국어 선생님」 전문

사실 사랑의 가능성과 불가능성 사이에서 춤추는 목소리는 이미 함태숙 시인의 첫 번째 시집부터 드러난 바다. 그것은 그의 시로부터 느끼는 가장 강력한 호소이자 매력이다. 한편 이번 시집에는 그러한 뜨거운 사랑에 사변의 깊이가 더해졌다. 사랑의 감정을 내세우고 있는 이면에 언어에 관한 고뇌가 흐르고 있다. 물론 시 「국어 선생님」은 다정한 그리움을 표현하는 시로 읽으면 무척이나 아름답다. 비행과 떠나감, 그리고 "내가 지난 모든 지명(地名)"은 당신을 향한 그리운 기억이어야만 한다. 그리움의 언어는 시간의 깊이를 드러낼 때만 제대로 번역될 수 있다. 카테리니처럼 먼 이국으로 여행하듯, 그대를 이해하기 위해 나는 아주 먼 시간을 여행해왔다.

그렇다면 '모국어'는 무슨 역할을 하는 것일까. 다른 시를 포개어 읽어보자. 모든 인간은 서로 이해하기 위해 말한다. 만약 타인의 고통을 이해하려면 우리는 대화해야만 한다. 그런데 연인에게는 특별한 언어가 있다. 연인의 입은 말하기 위해서가 아니라, 입 맞추기 위해서 벌어진다. 고통을 전하기 위해 "종국엔, 입은 열고 말은 멈"(「나전칠기」)출 수 있는 이유는, 연인은 몸 전체로 말하고 듣기 때문이다. "언어는 수인처럼/말의 포말이 변형시키는/세계 안에"(「사랑」) 갇히지만, 연인의 목소리는 그렇지 않다. 사랑에 빠진 자의 '모국어'는 특별하다. 그것은 의미뿐만 아니라, 떨림과 고뇌의 온도를 전한다. 시인은 「국어 선생님」에서 이렇게 묻는다. "당신의 이름을 어떻게 아는가." 그리고 시의 마지막에 이렇게 답한다. 아름다움이 우리를 번역하도록 내버려두기 때문이다. 아름다움이란 낯선 공간에서조차 당신을 향한 그리움을 발견하는 사랑 속에서 발견된다. 그것은 언어를 초월하는 삶의 방식, 즉 사랑하는 연인의 포옹에 가까운 것이다. 사랑이 "온 우주의 모국어"가 될 수 있는 이유는 그것이 두 사람의 체온만으로도 완성되는 문자이기 때문이다.

이제 눈물 흘리지 않아도 좋다
슬픔의 온도가 너를 맞추니

얼어붙은 꽃들이 피어나리
찰칵 찰칵 영원의 조리개를 통과하며

한 소절의 기억이 하나의 신전이 되리

내게 각운을 맞춘 그대여
오래전부터 흐르던 노래는 여기서 굳었다

그러니 마저 달려라, 죽음이여
흰 피톨로 실어 나르는 대리석의 둔부여

—「꽃의 파르테논」 부분

함태숙의 시에서는 체온을 느껴야 한다. 뜻이 아니라 떨림을 찾아야 한다. 아주 오래 너를 사랑해왔고, 사랑할 것이다. 시인은 이 말을 전하기 위해, 사랑을 "하나의 신전"으로 건축한다. 우리는 사랑의 감각으로 이뤄진 신전을 상상해볼 수 있다. 네 손끝, 그것은 사랑의 토대이다. 네 목소리, 그것은 사랑의 기둥이다. 그 감각들이 모여 내가 몇 번이고 되돌아가 숭배하게 될 기억인 "하나의 신전"을 이룬다. 이는 당신이 내 곁에 머물지 않아도 절대 변하지 않는 주관적인 감정이다. 당신이 세상을 떠났든, 내 곁에 없든 이 기억은 내 안에 우뚝 서 있다. 역사를 뚫고 현전하는 '파르테논' 신전처럼, 대리석으로 굳은 기억은 죽음에 이를 때까지 무너지지 않을 것이다.

이때 시인의 상상력을 통한 부드러움과 단단함은 같다. 왜냐하면 "대리석의 둔부"라는 표현처럼 우리가 상기하게 되는 것은 부드러운 애무와 결정화된 기억이 일치하는 순간이기 때문이다. 가장 에로틱한 신체 접촉은 우리의 기억 속에는 가장 단단한 보석이다. 그렇기에 '꽃의 파르테논'은 "영원의 벽지가 발라져 있는 방"(「생일」)이자 "영원의 체위"(「외츠탈에서의 잠」)이며, "한 알의 영토"(「토마토 영토」)이자 신들이 발견할 수 없게 영혼을 감춰둔 방이다(「물병자리 여인숙」). 시인은 사랑의 기억으로 불멸의 신전을 건축해간다.

2. 물기와 영토—사랑의 넓이에 관하여

사랑의 감각은 매 순간 당신과의 눈 맞춤처럼 온다. 필연적으로 연인과의 피부 접촉에는 물기가 맺힌다. 나는 체액의 교

환이라는 물리적 성질만을 말하려는 것이 아니다. 사랑하는 동안 우리는 서로에게 스며든다고 느낀다. 스며든다는 이 마음의 착각이 진정한 의미의 물기다. 그렇지만 이해의 문제를 제기하면 가장 난해한 것이 마음이다. 아주 오랜 시간을 곁에 머물러도 타인의 마음속에는 불가침의 영역이 있는 듯하다. 마음에는 아무리 도달하려고 해도 닿지 않는 한계선이 있다. 종종 당신을 이해할 수 없다고 우리는 고백한다. 연인의 곁에 아무리 오래 스며들어도 젖지 않는 영토가 있다.

사랑의 감정으로부터 이해라는 차원으로 확장해서 함태숙의 시를 읽는 것도 좋은 방법이다. 우리는 사랑의 한계에 관해 간단한 질문들을 던질 수 있다. 일단 언제까지 사랑할 수 있을까. 앞서 시인은 '영원'이라고 답했다. 이때 영원이란 고통에 휘청거리면서도 지속하는 사랑에 관한 신념에 가깝다. 그렇다면 한 사람은 타인을 어느 정도로 사랑할 수 있을까. 여기에는 두 가지 질문이 따른다. 사랑하는 사람을 위해 무엇을 희생하는가. 그리고 연인뿐만 아니라, 가족과 타인들까지도 사랑할 수 있을까. 함태숙의 시는 우리가 사랑하기 위해 어떤 각오를 해야 하는 것인지, 또한 사랑이라는 감정이 삶에 실천적 동기가 될 수 있는지 되묻게 만든다.

사랑은 꼭 얼굴을 필요로 하지 않아
달인은 지하에서 꽃을 피우지

지렁이처럼 내장 속에 두 개의 성기를 감추지
끝도 없이 알을 게우고 주리면 먹어치우지
달팽이처럼 느리게 걷지
오직 자기에게로 묵묵하지
몸에서 낸 즙으로 길을 낼 줄 아는 달인은
꼭 사랑이 아니어도 사랑밖에 모르지
자꾸 자꾸 제 살을 파먹으며
칼날 위를 걸어가지
한 번은 이쪽에서 또 한 번은 저쪽에서
시작되는 파국
영혼 같은 걸 바꿔가며 달인은 자기를 넘지
더듬으려고, 두 개의 피뢰침 같은 더듬이로
번개를 쓰다듬으려고
매번 얼굴이 바뀌는 하늘을, 달인은

—「사랑의 달인」 전문

사랑받기를 바라는 만큼, 우리는 사랑하기를 바란다. 상대의 마음에 맞추는 동안 우리 자신은 변화하기 마련이다. 바로 사랑의 운동을 형상화하는 매개가 지렁이의 신체다. 지렁이는 언제나 온몸으로 간다. 또한 그것은 "몸에서 낸 즙으로 길을 낼 줄 아는" 에로틱한 동물이다. '칼날 위'에 자신을 내던지는 지렁이의 느리고 "오직 자기에게로 묵묵"한 걸음새는 이러한 파국을 견디는 데 결연한 각오와 고단한 인내가 요구된다는 것을 암시한다.

함태숙 시인은 사랑이 정체성의 파국까지 초래한다는 것, 다시 말해 "영혼 같은 걸 바꿔가며 달인은 자기를 넘지" 않으면 안 된다는 것을 알고 있다. 연인은 두 개의 영토로 남아서는 안 된다. 서로 '얼굴'을 버리고 사랑이라는 '파국' 속에 몸을 내던진 뒤, 새로운 얼굴을 향해 나아가야 한다. 이때의 얼굴이란 정체성을 유지하는 정형이 아니라, 타인에게 맞추어 변화하고 물기에 가까운 얼굴이다. 함태숙의 시에 자주 이국적 배경이 등장하는 이유 또한 마찬가지일 것이다. 사랑은 그들의 '얼굴'을 찾기 위한 여행이다.

함태숙 시인에게 인간의 정체성은 단독으로 완성되지 않고, 사랑과 같은 관계 맺음으로 인해 비로소 완성된다고 볼 수 있다. 네가 없는 시공간은 '폐허'와 다름없다(「내가 품은 시대」). 사랑에 빠진 자의 영혼은 선물로 주어지는 것이다. 사랑은 "숟가락으로 밥을 뜨고/그 손으로 영혼을 건네는 일"(「사랑 외경」)이며, "영혼을 치르고 들고 온 사랑의 바다"(「사랑의 예찬」)를 잠시 빌려오는 것이다. 따라서 연인의 영혼은 함께 지어나가는 건축물이다. 사랑의 건물에 당신이 이름을 적고, 나는 문패를 올릴 때, '영혼의 집'은 완성된다(「영혼의 집」). 끝내 시인은 사랑을 신적인 권능에 비유한다. 그는 "우리는, 우리가 만든 창세를/누리고 있다는 것을"(「성혼」) 알고 있다고 확신한다. 왜냐하면 사랑은 정체성의 파국으로부터 세계의 의미를 재건축하는 행위로까지 상승해가기 때문이다.

사랑하는 자는 무엇을 희생해야 하는가. 바로 자기 정체성, 나의 세계라고 부르는 모든 것이다. 사랑은 송두리째 내어주는 힘이다. 나의 영혼을 타인에게 선물할 때, 연인은 서로 스며드는 것이다. 그렇다면 우리는 이러한 사랑이 연인 사이에만 발생하는 것인지 물을 수 있다. 가족이나 친구, 혹은 낯선 타인들과도 우리는 관계 맺고 있지 않은가. 마찬가지로 시집의 후반으로 갈수록 시인의 고뇌는 이해의 차원으로부터 윤리의 차원으로 이행해 간다. 인간은 모든 타인의 아픔을 사랑하는 사람의 아픔을 대하듯 소중히 할 수 있을까. 시인의 항변은 이렇다.

선생님, 어쩔 수 없이 고합니다
이것이 고통을 더할지라도
지구의 모든 통증을 기록해야 하느니

쇠사슬 소리를 내며 그가 왔을 때
어디 있는지 모르지만
제겐 촛농처럼 눈물방울이 떨어지고

끓는 물에 담긴 듯 부푼 발이 두 개

다 삭아 드러나는 발목뼈와
구더기가 우글거리는 길의, 킬링필드

쇠사슬을 끌며 나란히 갔어요
보폭이 똑같은 쇳소리는 우주에 상처를 내고
별들은 점자로 기록합니다

선생님, 발이 아파요
뼈는 끊어내지도 못하게 티타늄처럼
고통의 재질로 미래는 만들어졌네요

저렇게 드높고 반짝이는 것들도
수난을 이어가는데, 제게 사랑이
사랑만으로 사랑을 잇는 것이 아니었어요

—「밤의 흉터」 전문

"지구의 모든 통증을 기록해야 하"는 것이 바로 함태숙 시인의 다정한 소명이다. 물론 소명이라 부를 수밖에 없다. 누가 그러한 윤리적 실천을 완수할 수 있겠는가. 나와 무관해 보이는 이국의 타자들이 고통 받고 있다는 것, 그 낯선 사실을 아프게 느끼는 마음으로 바라본 풍경이 '밤의 흉터'다. 우리는 '쇠사슬 소리'를 떠올리며 헤아릴 수 없는 고통과 연루

되는 시인의 윤리 의식을 발견한다. 타자의 고통을 끊어내지 못하는 '티타늄'의 '미래'라고 느끼는 시인의 문제의식 또한 발견한다. 그렇기 때문에 사랑은 '사랑만으로' 이어지지 않고 이해와 윤리의 차원을 아우른다.

위의 시 「밤의 흉터」는 다른 시 「캄보디아」와 연작 관계를 이룬다. 두 작품은 똑같이 킬링필드의 희생자를 다루고 있으며, 시 「캄보디아」에는 쇠공이 매달린 쇠사슬을 끌고 다니다가 골반이 뒤틀려버린 여성이 등장한다. 그런데 「캄보디아」에서 시인은 한 여인을 향한 사과의 목소리를 전한다. "당신께 우글거리는 죽음을/일일이 명명케 한 걸 죄송해 해요/사랑이란 저의 폭행을 죄송해 해요"라고 시인은 말한다. "우글거리는 죽음"에 관한 사과는 한 여인의 고난과 죽음에 관한 부채감 때문일 것이다. 이로부터 한 가지 궁금증이 생긴다. 시인은 왜 자신의 사랑에 관해서도 '폭행'이라 부르며 사과하는 것일까. 아마도 그것은 자신의 연민이 그저 자기 합리화에 불과할지도 모른다고 느꼈기 때문이 아닐까. 타인의 고통에 직접 연루되지 않은 채, 그저 연민하는 자신의 선량함을 만끽하는 데에서 느끼는 죄의식이 아닐까. '죄송해요'가 아닌 '죄송해 해요'라는 부자연스러운 술어 또한 고민하게 만든다. 나는 감히 타인의 고통에 연루되어 있다고 말하는 것, 그리고 쉽게 죄송하다고 말하는 것에 관한 부채감이 바로 더듬거리듯 말하는 '죄송해 해요'라는 술어에 깃들어 있다고 생각한다. 나는 타인의 고통을 증언할 때, 이 머뭇거림이야말로 윤리적 진실성의 반영은 아닐까 생각하게 된다.

사랑은 모든 인간의 아픔을 헤아리는 윤리로 승격되어야 한다. 「오시비엥침」, 「미안해요, 로힝야」, 「흰 오릭스」, 「심해의 묘지」 등의 작품이 이러한 주제 의식을 공유하는 작품 계열에 속한다. 함태숙 시인의 윤리를 관통하는 것은 절망하여 "말없이 꿇고/울고 싶은 마음"(「봄의 망인」)으로부터 "그 누구도 찌르지 않겠다는 의지"(「흰 오릭스」)에 이르고자 하는 고뇌다. 시인이 바라는 것은 무릎 꿇은 자의 절망한 자세를 일으켜 세워 견고한 뿔로 세우려는 의지다.

이러한 고뇌는 이 시집의 사랑시 이면에 새겨져 있다. 예컨대 시 「달의 뒤편」은 언뜻 보기에는 그저 아름다운 사랑시다. 그러나 우리는 이 시에 설명이 되어 있지 않더라도 앞서 살펴본 아픔들을 통해 비로소 어째서 이 시의 제목이 왜 '뒤편'인지, 왜 시의 마지막에 "서로의 지구에 살러 온 이유"에 관해 반문하고 있는지 깨닫게 된다. 아름다운 사랑의 풍경에는 언제나 이해와 윤리의 고뇌라는 이면이 존재하는 것이다. 그렇기 때문에 종종 그의 시는 역설적인 방식으로 말한다. 표제시 「그대는 한 사람의 인류」에 시인은 절망과 황홀을 동시에 꿈꾸듯 이렇게 진술한다. "혼자만의 지옥을 세상이 이렇게 반복하다니/오늘도 어김없이 인류는 한 몸, 한 꿈이에요".

3. 일상, 내밀한 성스러움

함태숙 시인의 사랑을 읽는 마지막 단서를 음미해보려 한다. 그것은 사소한 일상과 사물을 돌보는 태도이다. 예컨대 「녹슨 경첩」이나 「개나리, 개나리」와 같은 시는 참으로 섬세하다. 작은 사물을 주의 깊게 들여다보는 상냥함과 그 고민을 사물에 투영하는 사변성이 함께 느껴지기 때문이다. 어쩌면 시인의 가장 깊은 성찰은 이 사소한 것들을 소중히 응시하는 습관에서 나오지 않았을까. 일견 사소하게 읽힐 수 있는 한 편의 시를 깊게 들여다봄으로써 이를 확인해볼 수 있다.

문을 잃은 나비

접혔다 열렸다

날개 끝에 징 자욱

어두운 구멍이 문양이 되었다

너는 자유로우나

떠나지 않고

지키고 싶은 안쪽이 있다

드나드는 특별한 통로를 가졌다

—「녹슨 경첩」 전문

시치미 떼듯 시인은 녹슨 경첩을 '나비'라고 부르며 이렇게 묻는다. 저 나비는 문도 달아났는데 왜 날아가지 않을까. 아, 떠날 수 있지만 지킬 것이 있구나. 제 몸이 녹이 슬도록 "특별한 통로"를 지키고 있었구나. 독자는 이 생각이 거짓이라는 것을 안다. 경첩은 나비도 아니고, '징 자욱'이 날개의 무늬가 아니라는 것도 안다. 그렇다면 녹슨 경첩을 오래 바라보았을 시인은 왜 이러한 상상을 꾸민 것일까. 사소한 거짓에도 어떤 진실은 내포되어 있다. 자유와 정주는 인간의 보편적 욕망이다. 우리가 그러한 욕망을 투영하면서 사물을 들여다볼 때, 그것은 새로운 의미를 갖게 된다. 정주의 욕망을 통해 볼 때는 녹슨 경첩이 문지기처럼 서 있는 것이고, 자유의 욕망을 통해서 볼 때는 '나비'처럼 앉아 있는 것이다. 그렇다면 '녹슨 경첩'은 사건이다. 그것은 우리 마음속에 무엇을 지키기 위해 '녹슨 경첩'처럼 살거나 무엇인가를 이루기 위해 '나비'처럼 떠나야 한다는 양립 불가능한 실천 중 한쪽을 선택하도록 매혹하기 때문이다.

굳이 가늠해보자면 함태숙 시인의 시는 나비처럼 모험하

는 쪽보다 사랑의 경첩이 되어 머무는 쪽에 가까운 것으로 보인다. 그의 여성 화자는 "눈빛이 단단한 사내가/물결을 헤치듯 나아가면//십오 센티미터 나무 신을 깎아/뒤도 안 보고 따라가고 싶다"(「일본어로 말하는 남자」)고 말하는 지순한 목소리를 내기도 한다. 또한 이번 시집에는 두드러지지 않지만, 가지런히 누운 여성, 집에 남아 남성을 배웅하는 여성 등이 첫 시집에 나타나는 것은 그의 시가 근원적으로 정주의 욕망을 지니고 있음을 뜻한다. 사랑을 이국으로의 여행이나 인류 보편의 사랑으로 승격시킬 때에도 그렇다. 모든 여정은 사랑의 침실을 발견하는 것으로 귀결된다. 시인이 꿈꾸는 사랑의 거처는 외딴 '치외권역'이자 '섬'이다(「외도에서」). 바로 이 정주의 욕망과 사랑 예찬이 맞물려, 일상에 관한 특별한 신성화를 일으킨다.

태양은 오늘 아침부터 하루를 다 돈 듯
피로해 보였어요
무슨 일이 있었는지, 무슨 일이 있을지
그는 다 아니까
먹지도 씻지도 말하지도 눈물도 말고
모든 인간을 멈추라고
자신의 뒤편에 숨겨주었어요
저는 스테이플러로 제 발을 지구에 박고

사각 야전 침상이 되었어요
철근으로 뚤뚤 감아
아파트는 가장 내밀한 피부가 되었지요
눈물이 커튼처럼 흐리게 세상을 가려주었어요
태양은 될수록 그림자를 감추고
창들은 차라리 눈꺼풀을 다 감아주었어요
나뭇잎은 기다렸다 영광을 반납하고
사람들은 오후의 햇살이 얼마나 소중한지
알 수 없는 신앙에 사로잡히죠
저는 오상(五傷)을 입은 듯, 온몸이 불타요
그러나 눈감은 자들은 알죠, 태양이 숨긴 것을
제가 숨긴 저의, 단 하루를

—「저의 단 하루」 전문

태양에 비하면 인간은 너무 작다. 인간의 일상은 태양에 의존한다. 매일 인류의 고단한 하루를 밝게 비추고 어루만져줄 뿐 아니라, "모든 인간을 멈추라고/자신의 뒤편에 숨겨주"기까지 하는 태양은 참으로 다정한 어른 같다. 한편 낮과 밤을 만들어주는 태양의 수명에 비추어보면 개개 인간의 삶은 순간에 불과하다. 종종 철학자들은 우주 크기의 숭고한 물질을 몽상하는 것이 인간의 왜소함을 자각하게끔 만든다고 말한다. 왜소함을 깨닫게 된 인간은 허무나 불안에 사로잡히게 된다는 것이다.

하지만 시인은 다르다. 그는 자신의 작은 존재를 '단 하루'의 영광으로 느낀다. 방 한 칸의 내밀함으로부터 소중함을 발견한다. 전쟁을 치르듯 '야전 침상'의 자세로 그는 지구에 자신을 못 박는다. '철근'과 '아파트'를 피부로 삼고, 일상적 공간에 앉아 '오후의 햇살'을 기쁘게 누린다. 그 기쁨은 종교적 희열과 다름없는 것이다. "저는 오상(五傷)을 입은 듯, 온몸이 불타요"라고 그는 말한다. 예수가 십자가에 못 박힐 때 입은 상처처럼, 그는 지금 일상의 공간에 자신의 육체를 못 박고 있다. 구원의 거처는 바로 이곳이고, 구원의 순간은 언제나 지금이다. 왜냐하면 그것은 나만이 누리는 '저의 단 하루', 태양도 타인도 맛볼 수 없는 나만의 시공간이기 때문이다. 나만의 공간, 나만의 시간, 나만의 마음을 가졌다는 것, 그것은 참으로 커다란 구원이다.

사랑과 같은 내밀한 감정의 기원은 결국 지금—여기, 즉 일상을 소중히 하는 작은 습관일 수 있다. "사랑은 모든 우리의 위에/과객처럼 한담을 나누겠습니다"(「애월향」)라는 토로도 "네 개의 계절을 찬탄합니다."(「사시찬요를 찬탄하다」)라는 진술도 사소한 '단 하루'를 돌보는 마음과 멀지 않다. 마지막 시 「분꽃이 오는 밤」을 들여다보자. 이 마지막 시는 결국 이 시집이 가장 처음에 제시했던 원점으로 되돌아온다. 사랑의 높이에 도전하고, 사랑의 넓이를 시험하는 시인이 끝내 되돌아오는 지점은 한 사람을 사랑했던 기억이다.

이 작은 방석들을
진정한 꽃잎은 아니었던 받침들을
한 사람의 상처를 익히는
일이었다 해도

나는 까만 눈동자를 하나 얻었으니
누추하고 어둑한 골목에서
한 사람을 떠나보내고
줄줄이 입을 닫는 지상을
분합에 담는 것이니

—「분꽃이 오는 밤」 부분

이 시는 사랑의 마지막 순간에 관해 말한다. 당신을 잃는다는 것. 필연적으로 아픈 상실의 순간은 누구에게나 찾아온다. 그것은 당신으로 인해 완성되었던 내가 무너지는 순간이기도 하다. 간단히 말해, 우리는 쓸쓸하지 않기 위해 사랑하고, 사랑하기 때문에 상처 입는다. 무수히 많은 정오와 자정, 사랑과 상실을 반복해야 하는 것이 인간의 운명이다. 그것이 "한 사람의 상처를 익히는/일이었다 해도" 말이다.

그렇게 한 사람을 잃었을 때, 세상은 색채를 잃은 듯하다.

세상은 소리를 잃어버린 "줄줄이 입을 닫는 지상"과 같다. 그러나 마침내 얻게 되는 '까만 눈동자' 하나가 있다. 그 시선은 한 사람과 함께 시들어버린 이 지상을 내밀한 '분합' 속에 담을 수 있는 사랑의 능력이다. 내밀한 분합 속에서 한 사람의 기억이 '분꽃이 오는 밤'으로 다시 피어나길 기다리는 고대이다. 이는 다시 한 번 지상을 살게 하는 마음을 자라게 하리라. 그 순간을 위하여 함태숙 시인은 끝까지 기다릴 것이다.

끝까지라는 단어는 참으로 어렵다. 어떤 행복과 사랑도 영원하지 않기에, 삶의 끝에 필연적으로 찾아오는 것은 상실이기 때문이다. 그렇기에 우리는 시인의 다짐에도 불구하고, 분꽃이 피었다 질 것을 안다. 아니, 누구보다 시인 자신이 알고 있을 것이다. 그렇다면 한순간의 개화를 위해 투쟁하는 안간힘은 얼마나 무거운 것인가. 사랑을 좇는 함태숙 시인의 투쟁은 낙화를 예비한다. 살기 위하여, 우리는 상처는 분꽃이어야 한다고 말해볼 수도 있다. 또한 기억하기 위하여, 상처는 아파야 한다고 말할 수도 있다. 상처는 아프고, 쓸쓸하며, 아름다울 때 비로소 '한 사람'의 흔적으로 피어난다. 이 낙화와 개화의 무수한 반복 속에서 시인이 건져 올리는 것은 안간힘으로 피어나는 분꽃의 향기다. 아스라이 사라질지라도 몇 번이고 증언되어야 할 '한 사람'이다.

이 도서의 국립중앙도서관 출판시도서목록(CIP)은 서지정보유통지원시스템 홈페이지(http://seoji.nl.go.kr)와 국가자료공동목록시스템(http://www.nl.go.kr/kolisnet)에서 이용하실 수 있습니다.(CIP제어번호: CIP2018042378)

시인동네 시인선 101

그대는 한 사람의 인류

초판 1쇄 인쇄 2019년 1월 3일
초판 1쇄 발행 2019년 1월 10일
지은이 함태숙
펴낸이 고영
책임편집 서윤후
디자인 헤이존
펴낸곳 문학의전당
출판등록 제2017-000002호
주소 서울시 마포구 마포대로 11길 91, 3층
전화 02-852-1977 팩스 02-852-1978
전자우편 sbpoem@naver.com

ISBN 979-11-5896-409-2 03810

시인동네 시인선 101

함태숙 시집

그대는 한 사람의 인류

시인동네

그대는 한 사람의 인류

함태숙 시집